AF363640

LE DIABLE AMOUREUX,

BALLET

IMPRIMERIE DE Mme Ve N. DUVIELLA,

6o, Rue Porte-Dijeaux.

LE
DIABLE AMOUREUX,

BALLET-PANTOMIME

EN TROIS ACTES ET SIX TABLEAUX

PAR

MM. DE SAINT-GEORGES ET MAZILIER,

Musique de Messieurs

BENOIT (1er ET 3me ACTE), REBERT (2me ACTE),

DÉCORS DE MM. VIGERI ET ALBAN; — MACHINES DE M. DAUZATZ;

COSTUMES DE M. REY;

Représenté pour la première fois sur le théâtre de Bordeaux, le 12 Novembre 1845.

BORDEAUX

—

1844.

1845

DISTRIBUTION.

———

<table>
<tr><td>Personnages.</td><td></td><td>Acteurs.</td></tr>
<tr><td>Belzébuth. . . . .</td><td>MM.</td><td>DUTACQ.</td></tr>
<tr><td>Le comte Frédéric. . . . .</td><td></td><td>ALBERT.</td></tr>
<tr><td>Hortensius, gouverneur du jeune comte.</td><td></td><td>BLANCHARD</td></tr>
<tr><td>Simplice, fermier du comte. . . . . . .</td><td rowspan="2">{</td><td rowspan="2">CORBY.</td></tr>
<tr><td>Le grand visir. . . . .</td></tr>
<tr><td>Bracaccio. . . . .</td><td></td><td>LASSERRE.</td></tr>
<tr><td>Un seigneur. . . . .</td><td></td><td>J. FRANQUEL.</td></tr>
<tr><td>Un autre seigneur. . . . .</td><td></td><td>GUILLEMET.</td></tr>
<tr><td rowspan="6">Créanciers du comte.. . . . . : .</td><td rowspan="6">{</td><td>CONSAUVE.</td></tr>
<tr><td>AUDILLARD.</td></tr>
<tr><td>MONTFALLET.</td></tr>
<tr><td>POLYDORE.</td></tr>
<tr><td>J. FRANQUEL.</td></tr>
<tr><td>GUILLEMET.</td></tr>
<tr><td>Urielle. . . . .</td><td>Mmes</td><td>ALBERT-BELLON.</td></tr>
<tr><td>Lilia. . . . . , ...</td><td></td><td>CÉLINA MOULINIER.</td></tr>
<tr><td>Phœbée. . . . .</td><td></td><td>DELESTRE.</td></tr>
<tr><td>Janetta. . . . .</td><td></td><td>DULAU.</td></tr>
<tr><td>Thérésina, mère de Lilia. . . . .</td><td></td><td>BETTON.</td></tr>
</table>

Seigneurs et dames, paysans et paysannes, pages, petites filles, ménétriers. *Messieurs et Dames du corps de ballet et des chœurs, Enfans des écoles, de danse, Comparses.*

ACTE PREMIER

—

PREMIER TABLEAU

Le théâtre représente le parc de la villa appartenant à la Phoëbé : à droite
un kiosque élégant; au milieu , des tables de jeu.

—

Une fête champêtre est dans tout son éclat. Phoëbé, la
maîtresse du château est assise dans le kiosque, entourée
de nombreux sigisbés et assiste aux danses joyeuses de sa
villa.

Le comte Frédéric, l'amant de Phoëbé, placé près d'elle,
semble lui faire la cour, tandis que le vieux docteur Hortensius , gouverneur du comte, debout près de son élève, regarde la fête avec humeur et colère !... Lilia, l'une
des jeunes paysannes, semble fixer l'attention du comte

'rédéri ; il descend du kiosque, s'approche de la jeune
fille, la complimente sur sa danse ; demande où il l'a déjà
vue ?. . Lilia lui répond qu'il l'a connue toute petite. Elle
lui rappelle les jeux de leur enfance ; puis, fait approcher
sa mère et la lui présente. C'est la nourrice du jeune comte ; à ce souvenir, Frédéric court à Thérézina, lui témoigne
toute son affection et l'embrasse ainsi que Lilia.

Phoëbé s'avance vivement vers Frédéric et lui demande
compte de cet étrange scène : — « C'est ma nourrice et
» ma sœur de lait, » lui répond Frédéric. — « Eh bien, »
réplique la courtisanne, — « donnez de l'or à cette jeune
fille, mais ne l'embrassez pas. » Frédéric, craignant d'hu-
milier Lilia en suivant ce conseil, se contente de lui offrir un riche anneau qu'il porte à son doigt : Lilia le reçoit
et s'éloigne. Phoëbé inquiète de la galanterie de son
amant, l'emmène vers le kiosque.

DANSES.

Après les danses on se disperse dans les jardins, en suivant Phoëbé, la reine de la fête, qui en fait les honneurs
à ses invités !... Elle engage Hortensius à les accompagner,
mais le vieux savant se détourne et s'éloigne avec impa-
tience. Frédéric feint de les suivre, mais il revient bientôt et court vers Lilia, restée seule. Frédéric renouvelle à
sa jeune sœur de lait ses protestations d'amitié, qui de-
viennent bientôt des protestations d'amour ; la jeune fille
n'est que trop sensible aux serments de Frédéric. Phoëbé, que guide sa jalousie, est revenue sur ses pas. Une
querelle de jalousie commence alors entre elle et Frédéric ; Lilia s'enfuit. Après des reproches mutuels, Phoëbé
déclare à son amant qu'elle ne tient plus à lui. Frédéric,
piqué, l'assure de son indifférence. Le vieux gouverneur,
qui reparaît en ce moment, semble enchanté de cette
rupture.

Toute la société revient et la Phoëbé, joignant l'effet à
la menace, accueille les cavaliers avec autant de grâce
qu'elle leur témoignait tout à l'heure d'indifférence. Fré-

déric furieux et jaloux, voyant une partie de jeu s'engager, repousse les conseils de son gouverneur qui veut l'empêcher d'y prendre part : trahi par les femmes, il va tenter la fortune. Il court à la table du jeu et la couvre d'or.

Une partie très-animée s'engage, et Hortensieus, tremblant derrière le siège de son élève, cherche à l'arrêter ; pendant ce temps, Lilia se glisse près du kiosque, regarde tristement Frédéric qui perd à chaque coup et semble de plus en plus agité. — Une discussion s'engage à la table de jeu;..... les danseurs s'arrêtent. Frédéric a tout perdu ! Il sort du kiosque avec désespoir. Il est ruiné ! La querelle du kiosque s'est ranimée, les épées sont tirées, Lilia s'élance pour couvrir Frédéric de son corps, et reçoit une blessure. Elle tombe sans connaissance. — Sa mère, Frédéric, Hortensius et les villageois s'empressent de la secourir, tandis que les seigneurs entraînent la Phoëbé et le cavalier qui, sans le vouloir a blessé la pauvre Lilia.

DEUXIÈME TABLEAU.

Le théâtre représente une vieille bibliothèque gothiue, située dans une tour; des livres poudreux sont placés, ça et là, sur les rayons; au-dessus d'une vaste cheminée est peinte une ancienne légende, représentant Belzébuth mettant un diable, sous la forme d'un page, au service d'un des ancêtres du comte Frédéric, en échange de son ame ; une vaste fenêtre ouverte, laisse pénétrer les rayons de la lune qui éclaire seule le vieux donjon.
La scène se passe dans un manoir abandonné, appartenant encore au comte Frédéric.

Janetta, la servante du château, paraît une lanterne à la main, suivie de Simplice, son amoureux. Les deux paysans entrent avec crainte dans la tour. Ils se disposent à y mettre tout en ordre , lorsqu'on sonne avec force à la porte du vieux donjon ; Janetta et Simplice tremblans, hésitent à ouvrir.... Janetta, plus brave , se décide à y courir, et rentre aussitôt , introduisant deux voyageurs.

C'est le comte Frédéric suivi d'Hortensius. Simplice reste stupéfait en reconnaissant son jeune seigneur. Il vient ensuite offrir ses services au comte ; mais Hortensius congédie les deux domestiques.

— « Voilà tout ce qui nous reste au monde, » dit le comte au vieux savant, en lui montrant la tour... Hortensius lui tend la main, et semble lui dire : — Et moi donc ?» Frédéric serre la main du vieillard avec effusion... Il s'assied et paraît au desespoir.... Hortensius va lui chercher des livres sur les rayons de la bibliothèque. — « La lecture vous calmera, » dit-il. Frédéric parcourt plusieurs volumes avec distraction, et les rejette ensuite avec mépris. Il ouvre enfin un vieux manuscrit poudreux , sur la couverture duquel se trouvent tracés des caractères magiques. A peine a-t-il lu quelques lignes qu'il paraît éprouver la plus vive surprise. Il montre le manuscrit à Hortensius, qui recule avec effroi. Il a l'air de dire à son élève que ces caractères cabalistiques le brûlent... Frédéric lui rit au nez ; il indique qu'il veut essayer l'effet de ce livre merveilleux. Il trace un cercle et se place au milieu.

Hortensius le supplie de renoncer à cet affreux projet. Frédéric lui répond qu'il n'a plus rien sur la terre, et que le diable seul peut le secourir !... La frayeur d'Hortensius redouble ; il exprime combien le diable serait horrible à voir. — « Du tout, » répond Frédéric, — « je veux en faire mon page, comme celui-ci, » dit-il, en montrant le portrait du page de la légende ; puis, il commence une conjuration.... à peine a-t-il fait une première évocation, le livre infernal à la main, que le tonnerre gronde, les lumières de la tour s'éteignent ; de larges éclairs y répandent seuls une clarté blafarde !.... Hortensius se sauve avec les signes du plus grand effroi. Frédéric redouble ses conjurations. Tout à coup un bruit affreux se fait entendre : la foudre éclate. Frédéric, succombant à la terrible émotion de ce spectacle, s'évanouit au milieu de cette scène d'horreur.

La cheminée s'ouvre alors lentement; un long et pâle rayon de lune se projette dans l'obscurité par l'ouverture, et sur ce jet lumineux s'avance majestueusement Belzébuth; à ses pieds est accroupie Urielle, démon de l'ordre féminin, blanche et pâle créature que le seul regard du maître fait trembler.

Belzébuth examine avec pitié le jeune homme évanoui: — « Quoi! c'est-là, » semble-t-il dire, le mortel audacieux qui voulait me rendre son esclave! un pareil maître est indigne de moi, cette créature lui suffit, » dit-il, en désignant Urielle.

Sur un geste de Belzébuth, Urielle se lève : — « regarde ! » lui dit le démon en lui montrant Frédéric. — « voilà ton seigneur et ton maître. Je te donne à lui, tu lui obéiras en toutes choses, mais tu me le donneras à ton tour ; je le veux ! »

Urielle s'approche alors du jeune comte évanoui; elle tourne autour de lui, l'examine avec attention. Sa jeunesse, sa beauté, la frappent de surprise et d'intérêt. Bientôt son émotion redouble, la pitié s'empare d'elle ; un sentiment plus tendre paraît l'agiter, et se jetant aux pieds de son maître infernal, elle semble lui demander grâce pour le jeune homme.

Belzébuth fait un geste terrible. Urielle se prosterne devant lui ; — « Tu seras son valet, son page, » lui dit Belzébuth.

Urielle témoigne un vif regret d'être forcée de cacher son sexe ;... mais sur l'ordre du maître, elle s'agenouille. un signe de Belzébuth la métamorphose tout à coup en un jeune et joli page. — Elle se redresse alors et jure d'obéir. Une musique infernale éclate ! le maître des enfers disparaît... La tour reprend son aspect ordinaire, et quand le comte ouvre les yeux, il se trouve seul avec le petit page.

Frédéric surpris ne sait que croire en le voyant : — « Qui es-tu ? » lui demande-t-il, — « ton esclave, » répond le page en souriant. — « ne m'as-tu pas appelé ? »

— « Quoi ! » s'écrie Frédéric, tu serais ?... — « Ordonne
et tu verras, » répond Urielle... Frédéric, d'abord ému,
. se rassure bientôt et veut essayer son pouvoir... — « viens
me servir, » dit-il au page, — « Qu'ordonnes-tu ? » répond Urielle... — « Je veux d'abord un festin magnifique. »
Sur un geste du page, une table grossière se couvre de
cristaux, de vases d'or, de candelabres éclairant un somp-
tueux repas. — « C'est bien, » dit Frédéric... Le page
s'approche du jeune homme pour lui baiser la main, mais
Frédéric le repousse avec mépris... Le page confus s'é-
loigne en montrant un vif chagrin.

Hortensius entre timidement, et reste stupéfait en voyant
le repas servi. Frédéric s'amuse un instant de la surprise
du docteur. — « Je suis riche, » lui dit-il, — « j'ai le
diable à mon service, le voilà. » Le diable, humblement
soumis avec Frédéric, s'en dédommage en lutinant le
vieux savant. Frédéric se place à table et fait assoir Hortensius en face de lui. Le page leur verse à boire, et se
multiplie pour les servir. La fatigue et l'effet des fréquen-
tes libations de Frédéric finissent par tronbler ses idées
et appesantir ses yeux. Le page semble s'en applaudir, et
Frédéric finit par s'endormir profondément ; mais Hortensius tient bon ; il boit toujours et ne s'endort pas. Urielle,
impatientée de ne pouvoir réussir à l'enivrer, étend la
main vers lui, et le docteur retombe lourdement dans
son fauteuil.

Urielle s'avance alors doucement vers Frédéric, le regarde avec passion ; puis, effrayée d'un mouvement de
Frédéric, qui semble aunoncer son réveil, elle se cache
derrière le sofa où s'est endormi le comte. Elle relève bientôt la tête pour s'assurer de son sommeil ; mais ses habits
de page ont disparu ; une tunique de gaze l'enveloppe.
Elle court à Frédéric, met la main sur son cœur, laisse
entrevoir une taille élégante, un bras charmant et danse
devant le jeune homme le pas le plus séduisant ; l'émotion
de Frédéric semble augmenter à chaque instant. Cette éni-
vrante vision le charme et le transporte. Urielle enfin . se
penchant sur le comte, termine sa danse en effleurant son

front de ses lèvres. A cet instant, Frédéric fait un brusque mouvement... Urielle surprise fuit rapidement. Le comte arraché au sommeil, ouvre les yeux, s'élance au milieu de la chambre, cherchant avec anxiété la gracieuse fiction du songe. Il s'efforce de rappeler ses idées confuses ; il réveille Hortensius, et l'oblige à chercher avec lui l'être surnaturel qu'il vient de voir en songe. Après avoir visité tous les coins de la tour, Hortensius désigne à son élève un dressoir. Frédéric l'ouvre aussitôt ; mais quelle est sa surprise en y retrouvant, non pas Urielle, mais le petit page blotti au fond, et paraissant honteux et tremblant.

On sonne avec force à la porte du château. Hortensius court à la fenêtre, et annonce à Frédéric l'arrivée de ses créanciers. Frédéric désolé répond qu'il n'a plus rien. — « Ne suis-je pas là, » dit le petit diable ; puis, il court à la porte et introduit les créanciers.

A mesure que les créanciers se présentent, le diable se fait remettre leurs titres ; puis, les saluant humblement, il les fascine d'un geste, et chacun d'eux devient immobile à son tour dans la position où il a parlé au diable. — Frédéric ne peut retenir sa gaîté à la vue de ces étranges figures, et Hortensius, qui la partage, subit le sort des créanciers, et se trouve comme eux, métamorphosé en statue. Sur un signe, d'Urielle, le dressoir se couvre de sacs d'argent ; le malin démon en place un dans la main de chacun des créanciers, et les rend à la vie ; mais quand ils veulent compter leurs espèces, un nuage de fumée sort de chacun des sacs. Furieux, ils s'élancent sur Frédéric ; mais le diable s'empresse de leur montrer leurs effets acquittés, et sort avec Frédéric, en leur riant au nez.

FIN DU PREMIER ACTE.

ACTE DEUXIÈME.

—

TROISIÈME TABLEAU.

Le théâtre représente un site pittoresque sur les bords de la mer, à droite
du spectateur, une petite maison de pêcheurs ; au fond, un rocher sur
le haut du quel on aperçoit une chapelle dont la porte principale est
placée en face du public ; on arrive à la chapelle par un large escalier
taillé dans le roc.

———

Une barque montée par des pirates, aborde au rivage.
Les forbans, conduits par Bracaccio, leur chef, examinent
la plage avec attention : ils se mettent à boire en atten-
dant quelques bons coups à faire.

Janetta et quelques jeunes filles reviennent de la pêche.
Bientôt après on voit ouvrir la porte de la maisonnette.

Lilia sort appuyée sur sa mère et le docteur Hortensius,
qu'elle remercie de ses soins.

Frédéric accourt, apperçoit Lilia et va tomber à ses
pieds ; il lui peint ses transports, son bouheur en la retrouvant après avoir cru la perdre !... — « Et c'est pour conserver mes jours que tu as exposé les tiens !..... » Il lui

montre sa croix d'or qui ne la pas quitté. Le trouble de la jeune fille dit assez à Frédéric combien il est aimé. Le comte veut montrer à Lilia toute sa tendresse, et lui offre de l'épouser. Lilia n'ose croire à un tel sort ; mais le comte la supplie, et Lilia, ivre de joie, tend enfin la main à Frédéric avec une vive expression de reconnaissance et d'amour. A ce moment reparaît Urielle, qui voit tout d'un coup d'œil et semble éprouver la plus vive douleur.

Hortensius complimente son élève. Thérèzine et les jeunes filles s'empressent autour de Lilia et la félicitent. Frédéric veut que le mariage se fasse le jour même ; il va tout préparer. Tandis que les compagnes de Lilia l'entraînent pour commencer les apprêts de sa toilette de noce, Frédéric se rend à la chapelle suivi du vieux docteur.

Urielle, au désespoir, ne sait que faire !... Celui qu'elle aime va lui être enlevé. A ce moment, une femme voilée paraît portée dans une litière. C'est Phoëbé qui retourne à sa villa. Elle s'arrête en voyant le prétendu page, qu'elle sait au service du comte ; descend de litière, fait éloigner ses gens, et questionne Urielle sur Frédéric. — « Il va s'unir à celle qu'il aime, » répond le page. Phoëbé refuse de croire à ses paroles... Le diable étend alors la main vers la chaumière dont la fenêtre s'ouvre vivement, et l'on aperçoit dans l'intérieur la toilette de noce de Lilia. A cette vue, Phoëbé ne contient plus sa fureur.

Les pirates sortent de leurs rochers ; le page les indique à la courtisanne ; celle-ci appelle Bracaccio ; il accourt entouré de ses gens : Phoëbé leur montre la chaumière et leur offre une bourse remplie d'or s'ils veulent enlever Lilia. — « Marché conclu, » dit Bracaccio.

Lilia sort de la chaumière.

Phoëbé désigne la jeune fille à Bracaccio qui saisit Lilia, et lui et ses camarades l'emportent dans la barque qui les attend. Il vient recevoir de la Phoëbé la bourse qu'elle lui a promise ; mais le diable tirant à son tour Bracaccio à part, lui montre deux autres bourses et les lui offre, s'il veut aussi enlever la Phoëbé. — « Comment donc ! » dit le pirate, — « avec plaisir ! » et Bracaccio et deux de ses forbans s'emparent d'elle et la transportent dans la barque à côté de sa victime. Le diable leur jette son or et s'enfuit en riant.

Les villageois et villageoises arrivent pour assister au mariage Frédéric redescend de l'église, suivi d'Horten-sius ; il court à la maisonnette.

La porte s'ouvre, et la fiancée de Frédéric sort de la chaumière dans le costume nuptial : son voile est baissé ; mais tandis que Frédéric va chercher Thérèzine , la fausse fiancée lève son voile et laisse voir le malin diable , qui a pris la place de la mariée et s'applaudit de sa ruse. Thé-rèzine s'approche, le démon baisse vivement son voile ; mais il est bientôt victime de sa propre ruse , car il va fal-loir qu'il subisse la cérémonie religieuse du mariage, et d'abord la pieuse bénédiction de la mère de Lilia. C'est avec effort que Frédéric fait agenouiller l'rielle devant Thérèzine. Le diable dissimule de son mieux, mais semble fort mal à son aise pendant la bénédiction de la paysnnne.

Le cortège se dirige ensuite vers l'escalier de la cha-pelle ; mais à mesure qu'on avance, la fiancée semble se troubler davantage. A ce moment, les portes du temple s'ouvrent lentement ; le prêtre s'avance sur le seuil. La mariée , parait de plus en agitée.

Tout à coup le ciel s'obscurcit, le tonnerre gronde,... le prêtre chancelle, et, au moment où les fiancés vont franchir les marches qui les séparent du lieu saint, le prê-tre se recule avec horreur comme repoussé par une force surnaturelle. Les portes de l'église se referment violem-ment ; le tonnerre éclate, et la foudre vient frapper la fausse fiancée qui tombe inanimée dans les bras du comte éperdu.

La plus vive terreur s'empare de la foule. Frédéric porte la prétendue mariée sur un banc de mousse. enlève le voile qui la couvre, et reconnait avec effroi, le diable à la place de celle qu'il aime.

La consternation est générale... chacun court, chacun s'agite, on se désespère ; on cherche Lilia de tous les côtés ..

Janetta paraît alors ; elle était dans la barque en mer,
revenant avec quelques amis, pour assister à la noce.....
Elle raconte le rapt de Lilia, qu'elle a vue de loin. Frédéric au désespoir, se jette dans une nacelle et s'élance à la
poursuite des ravisseurs.

Thérèzine et toutes les femmes tombent à genou, et on
voit le banc de gazon sur lequel repose Urielle, s'abimer
lentement et disparaître dans les entrailles de la terre.

FIN DU DEUXIÈME ACTE.

ACTE TROISIÈME.

—

QUATRIÈME TABLEAU.

Le théâtre représente l'intérieur d'un riche bazar ou marché d'esclaves
à Ispahan.

—

A droite et à gauche sont des esclaves voilées. Partout
un grand mouvement.

Bracaccio, le pirate, vient au marché d'Ispahan pour
trafiquer de Lilia, de la phoëbé, ses nouvelles captures,
ainsi que de ses nombreuses esclaves.

Le comte Frédéric paraît, il se dirige vers les différents
groupes d'esclaves. La vente va commencer. C'est Phoëbé,
c'est Lilia que propose d'abord le pirate ; les yeux de Frédéric tombent sur Lilia..... Eperdu de joie et d'amour, il
court à la jeune fille pour la délivrer ; Lilia s'élance de son
côté vers lui comme vers son seul proctecteur...... mais
Bracaccio, retenant le comte, lui dit : — « tout beau !
achetez-la d'abord. »

Frédéric offre de l'or pour acheter celle qu'il aime. Bracaccio lui répond qu'il ne peut ainsi conclure ce marché ;
il attend le visir, sa meilleure pratique : Lilia sera vendue à

l'encan et livrée au plus offrant. Lilia frémit en pensant qu'un autre maître que son amant pourra la posséder.

Le visir paraît porté dans un palanquin. Bracaccio fait examiner ses nouvelles esclaves, et ordonne à ces dernières de développer les grâces de leurs danses aux yeux du visir. Toutes sont charmantes ; mais, Bracaccio, qui réservait ses deux plus précieuses beautés pour les offrir en dernier à l'admiration des spectateurs, force Phœbé et la pauvre Lilia à se joindre aux autres esclaves et à danser comme elles. Lilia l'emporte aux yeux du visir. Il annonce au pirate qu'il la veut à tout prix. Un seul acquéreur ose se mettre sur les rangs : c'est Frédéric. Il offre dès l'abord deux sacs ;... le visir double la somme. Frédéric offre des rouleaux d'or d'une valeur considérable, que le visir couvre encore. Frédéric pâlit !... Il tente enfin un dernier effort et joint un bijou d'un grand prix. Le vieux visir sourit et fait offrir à Bracaccio un vaste coffre plein de richesses.

Frédéric n'a plus rien.. Il sent qu'il va perdre celle qu'il aime... Quand il se retourne et voit Urielle près de lui ; son espoir renaît à cette vue ! Il court au pirate qui va livrer Lilia au visir... Il le supplie de lui donner quelques instans, puis revenant à Urielle, il lui commande de lui trouver de l'or.

Urielle sourit, se croise les bras et lui tourne le dos sans lui répondre. Frédéric furieux ordonne de nouveau, mais Urielle est insensible.

Le visir s'impatiente... Le pirate veut en finir et sans pitié pour le désespoir de Frédéric et de Lilia, il remet cette dernière aux mains du vieillard. Frédéric ne se contient plus ; il s'approche d'Urielle avec rage, et lui demande compte de sa désobéissance. — « Tu peux la sauver, » lui répond Urielle, — « parle, » s'écrie le jeune homme, — « je veux ton âme, » lui dit le démon... Frédéric recule épouvanté... — « Signe cela, » lui dit Urielle en lui montrant le pacte.... Frédéric repousse la dangereuse créature ; mais Urielle lui montre le visir entouré de ses gardes, escortant la litière renfermant Lilia qui va partir. A cette vue, le comte ne se connaît plus... Il saisit le parchemin que lui présente Urielle, et, se piquant le bras de son stylet, il signe le pacte infernal.

Urielle fait un signe de joie et de triomphe; elle désigne le visir à Frédéric, en lui disant d'aller le retenir. Le jeune homme plein d'espoir dans les promesses du diable, court au visisir et l'arrête... A ce moment, le gràcieux démon laisse tomber le burnous qui le couvre, et paraît tout à coup dans un riche et bizarre costume de bayadère.

Frédéric propose au visir l'échange de cette nouvelle esclave contre celle qu'il vient d'acquérir. La vue d'Urielle semble séduire le vieillard, et Frédéric, pour le tenter encore, lui vante les grâces de cette odalisque.. Le visir prend place et fait asseoir Lilia près de lui, comme pour comparer les deux beautés. Frédéric conduit Urielle au milieu de l'arène. Il cherche à l'animer de son propre désir de la voir vaincre ses rivales et la soutient même dans ses poses les plus voluptueuses. Le visir paraît charmé de cette nouvelle houri, mais il voudrait conserver Lilia qu'il trouve aussi bien belle! Il propose à Frédéric de choisir une autre esclave dans son harem et engage celles-ci à danser à leur tour, comptant séduire le comte par l'attrait du changement; mais Frédéric refuse obstinément toute autre esclave que Lilia. Il craint de ne pas réussir lorsque Urielle attaquant des danses de divers caractères, attire de nouveau sur elle l'attention du visir. L'anglaise lui réussit peu; mais la volupté de la danse espagnole, les passes lascives et caressantes de l'allemande séduisent le cœur du vieillard; enfin une sémillante saltarella napolitaine le rend fou de cette séduisante esclave : il rend Lilia à son amant.

Le comte entraîne Lilia. Le visir de son côté fait approcher le palanquin qui renfermait Lilia, et y fait placer Urielle : la malicieuse créature y monte en lui riant au nez, et disparaît au moment où le visir va monter près d'elle.

Le visir, attéré, se livre au désespoir. A ce moment paraît Bracaccio, conduisant Phoëbé... Le pirate la lui présente... Le vieillard furieux, mais qui veut une esclave à tout prix, jette sa bourse au forban , fait placer la courtisanne dans la litière , et l'emmène, avec humeur , à la place de l'esclave disparue.

CINQUIÈME TABLEAU.

Le théâtre représente la vieille tour du premier acte.

Il est nuit ; c'est la veille du mariage de Lilia et de Frédéric. Frédéric est appuyé sur la table et paraît réfléchir.

Lilia va sortir pour aller reposer ; elle fait de tendres adieux à Frédéric.

A peine le comte est-il seul, que l'horloge sonne minuit; au même instant on frappe à la porte. La porte s'ouvre et l'on voit paraître Urielle, le pacte infernal à la main. Le comte reste frappé de terreur à cette vue.... Urielle s'avance vers lui... et , lui montrant l'infernal traité , dont le terme fatal vient d'expirer , elle en réclame l'exécution. Frédéric refuse d'obéir ; mais Urielle insiste et lui ordonne de la suivre à l'instant. — Mais, lui dit alors le jeune comte : pourquoi me persécuter ainsi ? — « Pour t'arracher à elle , » s'écrie alors Urielle, — « parce que je suis femme et que je t'aime , » ajoute-t-elle en paraissant dans toute sa beauté. Elle veut entraîner Frédéric, lorsque Lilia paraît... Elle court à son amant et le retient au moment où Urielle l'entraînait. A cette vue , la fureur jalouse du diable féminin ne connaît plut de bornes ; elle veut Frédéric, il est à elle !... D'un geste, elle repousse la malheureuse Lilia... Frédéric voit qu'il est perdu... Tirant alors son poignard , il va s'en frapper... Urielle a tout vu ;... d'un geste elle arrête le bras du comte ! Un horrible effroi se peint dans ses traits ; regardant à la fois Frédéric et Lilia, le bien et le mal se livrent un combat cruel dans son cœur; le bon et le mauvais ange se le disputent !!!... Mais bientôt un sentiment nouveau s'empare d'elle... L'âme de la femme triomphe de celle du démon ! L'amour , la pitié l'emportent. Puis , saisissant le pacte infernal , elle le livre aux flammes.

A peine les flammes out-elles dévoré l'odieux traité , que la vie d'Urielle semble la quitter et s'éteindre avec le feu qui consume le pacte ; tournant les yeux vers Frédéric, elle le supplie de lui donner sa main qu'elle place sur son cœur : la flamme qui consume le pacte s'éteint , et Urielle expire en même temps qu'elle.

Le comte surpris d'un si grand dévoûment, montre l'infortunée à Lilia , qui vient de recouvrer ses sens. La jeune fille, partageant l'émotion de son amaut , s'approche d'Urielle , et semble adresser au ciel une fervente prière pour elle. Frédéric se joint à la pieuse intention de Lilia ; puis , détachant le rosaire et la croix que la jeune fille lui a donnés au premier acte , il les dépose pieusement sur le cœur de la morte, et s'enfuit eu entraînant sa fiancée.

⋆⟡⋆

SIXIÈME ET DERNIER TABLEAU.

Le théâtre change et représente l'enfer ; une immense voûte de feu couvre un lac ardent qui remplit la scène ; une roche |de |flamme domine cet effroyable abime.

Belzébuth , entouré de sa cour infernale , semble attendre sa proie , la malheureuse Urielle. Quelques démons l'aperçoivent et la signalent à Belzébuth , qui va s'élancer sur sa victime, quand tout à coup un ange paraît sur la cime de la roche la plus élevée, et semble protéger Urielle en étendant les mains vers elle : celle-ci , par une inspiration céleste , saisit le chapelet et la croix de Lilia, que Frédéric a déposés sur son cœur, et les présente à l'enfer qui s'élance vers elle. Belzébuth et les démons , frappés de terreur à la ve des signes sacrés , reculent d'épouvante , tandis qu'Urielle monte vers l'ange protecteur qui lui tend les bras.

FIN.